POESÍA, FUENTE DE VIDA

POESÍA, FUENTE DE VIDA

Mª Victoria Reyzábal

Vision Libros

© Obra: POESÍA, FUENTE DE VIDA

Primera edición: Octubre, 2025

© Autora: Mª Victoria Reyzábal

Ilustración de cubierta: "Bordando el manto terrestre",
de Remedios Varo (alegoría de la creatividad)

ISBN: 979-13-990400-8-1
Depósito Legal: M-19569-2025

© Editado por VISION LIBROS www.visionlibros.com

Gestión, promoción y distribución: Límbica Ediciones S.L.
C./ Puentelarra, 68, 2º A, 28031 Madrid. España.
Tlf: 0034 91 3117696 // Email: pedidos@limbicaediciones.es
www.visionnet-libros.com

Disponible en librerías físicas y online.

ÍNDICE

1

la poesía es el lenguaje
de la dignidad humana
naturaliza los ecos de todos
sus versos son espejos vivientes
que serigrafían los sentimientos
en ella la identidad es plural
y rige la ley de la integración
no tiene puertas cerradas
cada verbo conlleva una biografía
que resuena como un aleluya constante
belleza y tragedia se entrelazan
de qué otra manera si no hablar del amor
o evocar a los dioses mediante sus himnos
la poesía es el lenguaje del ser
cuando se convierte en arrullo grito canto
protesta abrazo predicciones poema

2

calificar
cierto género literario
de autoficción
cuando en realidad
esta ya lo es la propia vida
o acaso suponemos
que somos
lo que decimos
lo que mostramos
lo que creemos
lo que revelan nuestros retratos
según dicen los amigos o enemigos
si el camino del existir
solo presupone una deriva incógnita
y el reposo
una meditación circunstancial
acerca de lo no alcanzado
grotesca resulta la pretensión
de sabernos
e incluso de reconocernos
entre los yoes propios y ajenos
del transcurrir del tiempo
nos conforma
un compuesto
de imposición genética

cierta parte de leyenda cultural
y un mínimo de voluntad propia
y luego está la memoria
con sus consiguientes trayectos
de invenciones y olvidos
las mentiras que terminamos creyendo
los juegos narcisistas
el disfraz de clase o creencia
la servidumbre
a las nuevas tecnologías
y el baile de la historia
que nos asciende o derriba
en consecuencia
quien sostenga que se sabe
engaña
como lo hace la autoficción diaria
aun en lo maligno
nos figuramos como nos apetece
inmortales y únicos
sin embargo devenimos
apenas escuetas dramaturgias
fatua conmemoración del instante
alargando unos segundos en el tiempo
y si es una mujer
la poseedora de adversidades
adjetivadas o adverbiales
parte de un inserto reprimido
desde el origen

como las sombras
emergiendo deslumbrada
de cavernas ancestrales

3

el horror se oculta
con mentiras
sonrisas falsas
la maldad no soporta
lo verdadero
pues puede desenmascararla
por eso
el engaño tiene tantas ramas
y vericuetos imprescindibles
para seguirse sustentando
los rectos pierden acólitos
pues la falsedad se adorna
de joyas maquillajes
máscaras galas
el discurso honesto
sucumbe triturado por colmillos
de tigres enloquecidos
por eso amigos
solo nos quedan los libros
que ellos detestan
pues la escritura
es una acusadora infinita
que graba la memoria
para presente y futuro
y reajusta el pasado

en fidelidad a la desobediencia
no ciega
no acrítica
sino obligatoria

4

asignar la palabra justa
al dolor o la dicha
a la decepción
o la confianza
al amor
al apego
o al abandono
ayuda a entender
los procesos de la mente
y sus terminales emocionales
a veces la discordia
interna
se convierte en reminiscencia
de algo borrado
que daña al cuerpo
o se traslada al orbe
de la fantasía
también puede transformarse
en angustia ignota
o fobias superpuestas,
todo ello envuelto
en términos imprecisos
donde la razón no se revela
más que en síntomas
alejados de la causa

5

defender la libertad
es ardua tarea
incluso en las democracias
bienintencionados los jueces
no todos lo son
se erigen como su resguardo
pero el referente
siempre es ideal
inalcanzable
aunque no admite
cuestionamiento
algunos y algunas ceden derechos
renunciando a responsabilidades
y frecuentemente
en cada momento
se necesitan ejemplos
pues ni las mayorías
ni la suprema opinión pública
ni la iglesia
los partidos
los sindicatos
etc. etc. etc.
tienen siempre razón unívoca
lo contrario sería fantástico
y milagroso

nos permitiría apostar
por la teocracia masiva

6

desertar de ser humano
abrirse a la naturaleza
y claudicar pretensiones
rebelarse contra la cultura
que nos ciñe como a esclavos
alejarme de las ciudades
las luces artificiales
los seudoamigos
los amores interesados
ser virgen en todos los campos
no respetar leyes de otros
para otros
no reír por obligación
no ser dichoso por designio social
perder el reloj
y desoír las emisoras de radio
pero ay
en el intento
pude abandonarlo todo
menos mis libros
o al menos la memoria de ellos

7

amigo platón
la gente habita tu caverna
en la que apenas entra la luz
en ella solo cabe
un desplazamiento de reflejos
sobre los que ellos intentan
concentrar su mirada
que únicamente percibe
la tenue descomposición
de lejanas imágenes
pues todos temen
el deslumbramiento exterior
con sus rayos solares
y sus desnudeces agudas
de verdad

8

a contracorriente
por tantísimos caminos
de iluminación y conocimiento
me escarbo
con lenguaje expansivo
para hablarme silente
en pro del autoconocimiento
persecución con poder propio
si bien enigmático
imágenes abstractas
que van más allá
de la exhibición
y ahondan en la mística
que hiere
como el arte sublime
pues cala los huesos
evitando el engaño desmayado
y la desilusión atávica
que jalonan el río de la vida
despistada u ostentosa
sofisticada o caótica
huésped
en mi ajeno cuerpo
fascinante y expresivo
pero bastante opositor

a mis ansias
procelosa al menos
en mi experiencia de sindioses
conforma un hogar para abstenerse
ángeles satanases y dementes
pues solo es apto
para cubrir instantes
de íntima epifanía

9

deja que me debatan
me contravengan
me impervisibilicen
me heterodoxen
me rebeldíen
e histrionicen
me pulvericen
y arremetan
me irrealicen
onomatopeyen
me excentrifiquen
discrepen
equivoquen
contorsionen
subviertan
sacrosanten
zarandeen
irreventen
proclamen
compartan
incondicionalicen encarnada
postureen
desmitifiquen
me todopoderoseen
inauditen

metamorfoseen
epigonicen en tornasoles
me espoleen innatamente
me transplanten neuronas verdes
me extrañen
por si las diosas
volvieran a nacer

10

eficacísimo
el devastador estruendo
de tu ausencia
toda la casa en silencio
clama por tus pasos
hasta mi mirada
perdida de no encontrarte
se hunde vaporosa
en la melancolía
involucrando causas necias
cortejando recuerdos varios
solo yo amor
sé lo que es no tenerte
irreductible individualidad
la de los sentimientos
con su necesidad de conexiones
permanentes
y la desazón que produce
la lejanía
aunque sea breve
todo porque no existo
sin los frutos prohibidos
de que me surtes
ven pronto
pues ya hace media hora
que te fuiste

11

el esfuerzo
la constancia
la paciencia
no bastan
para superar barreras
lo contrario
resulta engañoso
forjarse como ser resistente
resiliente
ayuda pero no es suficiente
sobreponerse
a los propios límites
deviene agotador
y hasta quizá insano
yo escribo
para mi pequeño grupo
sin trucos ni efectivismos
no adulo
ni siquiera sé si me sigue
lector alguno
lo hago para mantenerme
viva
conjugando narrador
autor y personaje
por economía

y ansia de mezclar
experiencias
de apropiacionismo
literario
conjugo vértigo y desazón
con gozo
sin acuciarme el éxito

12

el planeta está enfadado
tiembla diluvia
vomita fuego
y barre la vida
con furias huracanadas
acaso se haya impuesto
nuevamente
el dios de la iracundia
y azote con su látigo
toda la creación
o seamos los humanos
los que fabricamos
las desgracias
los aguaceros
los ciclones
los sismos
las erupciones
en mi caso
como creyente incrédula
supongo más esto último

13

escribir es fijar la oralidad
su corriente oceánica
con sonido de olas
la escritura
caligrafía surcos especiales
sobre la tierra
entre ambas existe la paradoja
de la diferenciada permanencia
escribir es fingir que se habla
pues la voz es un ejercicio natural
su registro un artefacto
el dios egipcio theuth
inventó la grafía para decirse
ni el faraón ni platón
creyeron en las afirmaciones
de que aumentaba la memoria
sino al contrario
algo que aún creían
los profesores salmantinos
en el siglo XVI
para todos ellos las anotaciones
matarían los recuerdos
el sabio
pensaba discurría y oraba
y claro

como sin darle importancia leía
luego mandar y escribir se unieron
universal y democrático es hablar
por eso hablamos todos
incluso insumisos en dictaduras
pero escribimos pocos
a pesar de las alfabetizaciones
hoy incluso se impone la imagen
suplantando los conceptos
y sus dos plasmaciones sagradas
pero más que nunca
algunos buscan sueño
de escribir para poetizar
el camino humano
por abismos y cumbres
y así preguntarnos
por todas las interrogaciones
aun sin respuesta

14

he enguantado mis manos
encerrándolas entre mohos
y silencios
ya no escriben delirios
ni ocurrencias vacuas
solo se ocupan
de grafías de niebla
con tinta de maleza
dónde estamos
se preguntan
pretendiendo forzar
a la boca
en confesiones obscenas
ahora también
prisionera como ellas
el resto de su ímpetu
duerme
qué somos
se interroga la mente
temblorosa y balbuceante
pero
solo contesta con mutismos
desde los ecos del cráneo
nadie
asevera luego

y se marcha
hacia el limbo gelatinoso
a transitar osada
por los rencores de neptuno

15

los niños comprenden
aun sin entender
las historias maravillosas
la imaginación compensa
vacíos cognitivos
agregan sus emociones
a los personajes
no desprecian moralejas
bien trenzadas
sino moralinas ideopedagógicas
ellos viven como protagonistas
los sucesos del relato
sueñan con ser los héroes
no obstante a veces
se los infantiliza
hasta lo extremo
otras se los adultera
en aras de preceptos sociales
mal avenidos con el misterio
de las tramas
que reinterpretan asombrados
desde su imaginación
de una realidad propia
en la que caben otras dimensiones
con seres

objetos y acontecimientos
extraordinarios
disfrutan las ilustraciones
y los poemas que les cantan
con voz acertada de sirena
ante su sabia solvencia
de lectores inocentes
pero versados en fantasías
desinhibidos y frescos

16

paladines de la retórica
del arte del discurso
fueron aristóteles
cicerón y quintiliano
aportaciones que recogió
para el castellano
el insigne nebrija
un conocimiento tan urgente ahora
que todos hablamos y hablamos
y la mayoría bastante mal
con exceso de verborrea
mala sintaxis
vocabulario impropio
además de repetitivo
y a veces hasta zafio
expresión entrecortada
mal vocalizados los sonidos
y con nefasta entonación
amigos
las competencias comunicativas
son un síntoma
de calidad educativa
dos más dos no son cinco
un río no es un océano
ni una montaña un llano

hablar de cualquier manera
hace que digamos tonterías
y que el receptor entienda
bobadas
vistamos nuestra lengua
de aciertos lingüísticos
armonía gramatical
y en lo posible
con una pizca de belleza

17

por qué valoramos el éxito
más que el talento
cuando aquel se suele conseguir
por caminos espurios
jabonosos
calificamos las obras
en función de nuestra ideología
como si virgilio fuera peor escritor
por haber alabado al césar
u horacio por caer en desgracia
tal ha sucedido con ortega
eslabón entre nietzsche y consecuentes
sin embargo
en españa no brilla
como goethe rousseau
ni siquiera cual eco
hay quienes lo tachan
de pionero prematuro
escritor obsesivo
defensor de la democracia
mediante la excelencia pública
guerrero vencido
aun por versionar su lucidez

18

según pasa el tiempo
me abro a la sorpresa
de encontrarte en mis sueños
de compartir mi alma
de decir mis palabras
rutina la muestra
de dicha diaria
inefables las horas eternas
de comunicarnos
sin decirnos nada
así nos hemos ido haciendo
intercambiándonos
y ahora no sabemos
quién es cada uno

19

será verdad
que el sabio griego quilón
resumió en tres
los asuntos imposibles
de llevar a cabo correctamente
así guardar un secreto
soportar un agravio
y nada menos
que emplear bien el ocio
ciertamente un secreto compartido
es pronto un secreto difundido
y el agravio solo se soporta
cuando lo contrario
acarrearía un castigo mayor
pero las artimañas son variadas
conocí a una joven encantadora
que todas las mañanas escupía
el desayuno de su señor padre
con respecto al tiempo de reposo
muchos lo usan para otros trabajos
en buscar nexos familiares distópicos
la realidad es que nos movemos
por tierras infirmes
de seres cosificados o autómatas
mercancías baratas

a quienes se puede eliminar
sin demasiada culpa
a quienes no obstante
se permite tumbarse en la playa
tomar sus bebidas favoritas
y charlar entre ellos
como si existieran
como si pudieran elegir
a partir de tal infamia inventada
su ascenso profesional
por una escalera de cenizas
su vejez fantasmal
trastocado el norte de la lengua
el este de los orígenes
el oeste morado de la soledad
ya desalmados los instantes
y su usura
pero entonces
cuál es el resquicio del poeta
para dar forma
a su escritura en deriva
juego diabólico de sentimientos
tal vez únicamente
la lectura machacona
obsesiva
de diccionarios de irrealidades

20

sócrates
yo también creo
en el ejemplo
pero hoy lo ejemplar
ha desaparecido
el río de la existencia
lleva lodo y detritus
y por eso
casi no se sostiene
la vida
tú fuiste un modelo
de obediencia a la ley
tal vez exagerado
y no digo que algunos
ahora no te sigan
pero se pierden
entre la maleza
de la cicuta social
la vileza de la propaganda
la oscuridad
de los neofilósofos
preocupados por sus empleos
aunque no hayan
empezado a pensar
ni a caminar

por los acantilados
de la sabiduría insobornable
estos no alumbran ideas
recitan teorías ajenas
mal aprendidas
tú que pretendías
que los políticos gobernaran
con justicia
maestro de la inducción
y las definiciones
nosotros todavía estamos
buscando implantar la ética
que se enflaquece sin pausa
en los corredores del poder
esta es una sociedad
gelatinosa
se acomoda a todo
mejor que el agua
pues no se derrama
en consideraciones
de principios
sino que solo
atiende a fines
uno o múltiple
homero
cómo acertaste
hombre o mujer
a medir la valentía

de los osados guerreros
e impregnar
de romanticismo
ya por entonces
los locos amores
de helena y paris
los absurdos celos
de hera y atenea
y nuevamente
evocar
la manzana
aquí en el olimpo griego
como cebo tentador
de la divinidad
para justificar
catastróficas desgracias
y además
entre la épica
de las luchas cuerpo a cuerpo
introdujiste la tragicomedia
del caballo
vientre fértil
como ningún otro
para los acosados aqueos
no solo enlazaste
episodios de amor y muerte
sino también
de lealtad reconfortante

incluso
del fracaso de la clarividencia
ejemplificado en casandra
y con habilidad nos iniciaste
en los engaños políticos
a través de odiseo
mostrado ante nuestros ojos
que vence el que trampea
olvidando el honor
en los enfrentamientos
de nobles contendientes
plasmaste un héctor
hijo hermano esposo y padre
responsable
y construiste para el futuro
una ciudad arrolladora
con rey afectuoso
y comprensivo
en fin nos cantaste
o escribiste
o recopilaste
una iliada contemporánea
que yo releo
admirada de tu ingenio
transtemporal
fueras varón o mujer
uno o varios
rehén o soñador libre

21

cuando kandinsky poematiza su geometría
y juega con las líneas sabiamente
como quien creara un deleitoso mundo musical
otra armonía apasionada de los colores
cabe callar o cantar
cabe maravillarse humildemente
y dejarse inundar por las alas
de la belleza
como si esta fuese realmente una musa
una diosa antigua pero vanguardista
que nos seduce con su profética embriaguez
de sutilezas sobre el pentagrama de la tela
y así
como por arte de magia nos conmociona
aquí
no pienso en picasso
ni en dalí
ni en sorolla
sino en velázquez
maestro de mitos y figuras
inventor de la ley en vericuetos
del trazo y sus perspectivas
ambos tan disímiles y exactos
expandidos por sus sugestivas creaciones
en millones de neuronas

gozosamente activadas
seducidas antes sus abstractos vaivenes
líricos
los dos magno realistas a su manera
los dos fabuladores
los dos dueños de la varita mágica
del verdadero arte

22

cuántas obras magníficas se habrán perdido
a lo largo de los siglos
cuántos descubrimientos olvidados
inventos desechados
remedios descartados
cuántos dioses hemos desterrado
de los distintos olimpos
arquetipos silenciados
avances retenidos
logros malogrados
entre incendios guerras inundaciones
y pestes terremotos genocidios
sin embargo los alocados humanos
no hemos dejado de caminar
de conquistar cimas
de reinventarnos por cualquier derrotero
entre burlas estafas depresiones pedofilias
cosechas nefastas
templos ultrajados
censurados trovadores
clérigos convertidos en turistas del poder
o las humillaciones
recordemos para la posteridad
recalcitrantes leyendas de ofuscados reyes
con gestos frases vestimentas y coronas

repetitivas y ridículas
o sublimes
dependiendo de la mirada y el cuajo
de la abundancia o la escasez del describirnos
en las melodías de la imaginación
sensuales sinestesias para difuntos
por eso amor
gocemos de lo complejamente simple
como darnos la mano con esa nuestra ternura
para cruzar el infierno
como mirarnos socarronamente
cuando desafiamos al ángel exterminador
a pesar de nuestra alerta susceptibilidad
ante la falta de disyuntivas
pues convive en nosotros la ficción
de la existencia y sus apasionados deslices

23

de qué manera
se le ocurrió a algún homínido
construir las palabras
y decir fuego
quemadura
calor
lumbre
cómo fue que aprendimos
poco a poco
a acariciarnos
a desearnos más allá del instinto
cuándo necesitamos
enterrar a los muertos
eslabones de nuestras cadenas
en qué circunstancia
fabulamos el amor
y le dimos cobijo a tal sentimiento
entre los terciopelos de las entrañas
por qué el terreno se hizo paisaje
las manos artistas
los ojos profetas escudriñadores
de amistades cómplices
por qué ríos fructíficos
supimos asumirnos humanos
creativos prometeicos matricionales

cuándo surgió la gracia
de comprender que todos y cada uno
negros blancos amarillos rojos
descoloridos o teñidos
éramos imprescindibles
para emprender la tarea
de no ceder ante violencias
ni exterminios
en qué momento
comenzará el futuro
y nos erguiremos
como seres íntegros en equidades
e individuos optimizados
lúcidos
en especie divina

24

dentro del universo hay espacio
fuera nada
dentro del texto flota el pensamiento
fuera el vacío
a pesar del 5 por ciento de masa ordinaria
el 27 de materia oscura
y el 68 de oscura energía
todo poema es plurisemántico
sigue creciendo siempre
enciclopédico
políglota
y certero
multiemocional
transgresor
parsimonioso pero urgente
cada verbo es un complot
cada adjetivo un simulacro
peregrinos ambulantes los adverbios
conjeturales los nexos
su contenido brillante y denso
hereje y místico
escudriñador y esquivo
esforzadamente atento a su diana
heredero de todo lo anterior
bastardo del presente

nuclear y descentralizado
involucrado y ajeno
atrevido
reinterpretable en espirales sin fin
debatible
primordial
predictor
apocalíptico
contenedor infalible
endiablado y sacro
hiperrretórico
lleno de improperios y de salmos
sensual en ausencias y reencuentros carnales
sofisticado en temáticas
vivencial en formalismos
retroactivo y vanguardista
solitario y tan bien acompañado
inútil y esencial
esgrimidor coligante desamparado
desbordado o desbordante
eco de significaciones míticas
y místicas
proliferación de magia chamánica
de trasfondo cuántico
inasible familiar cantable
acogedor de tan desapacible
ambiguo y aparente
concretísimo

tozudo influenciable único
renegador estratégico
autárquico procreador de claves
punto de encuentro
por eso abusamos de él
negándolo

25

documental
ensayo
historia
filosófica poesía
palimpsesto en híbridos incorruptos
fisuras del latido que redefinen
la irreal realidad
de las convenciones autorreferenciales
perplejidad del héroe sobornado
laberinto de engaños
interpretaciones conflictivas
de cada metáfora
y los contextos que exige
omnipresencia de los sones litúrgicos
que el silencio transgrede y alberga
antes de que el viento silbe
mientras ícaro cae en el verso
prohibido

26

leer comprensivamente es un milagro
casi inexplicable
cómo sacar sentido de unos garabatos
quizá ningún buceador de literatura
haga otra cosa
más que fabular
duplicar realidades soñadas
por entre el hermetismo de los signos
recomponer una polifonía caligráfica
de pequeños rasguños repetitivos
arbitrarios
sobre el papel hambriento
qué hay del concienzudo filosofar
en la palabra filosofía
el descifrador del texto transfigura
reordena sus deseos o intereses
malentiende a su gusto
pasajes nítidos pero inasibles
injerta desencuentros con el yo expresado
para extraer de su inconsciente
la historia
el paisaje
la atmósfera
la tradición incorporada
el amor o el crimen

lo descartado
leer es mentirse lujosamente
en el único sentido mágico del término
mucho mejor que el escritor
él lo hace sentado en su sofá
y en cualquier sitio si es ella
recorre con vértigo apasionado el laberinto
de la trama
expurga entre imágenes poéticas
estilos atrevidos hasta lo hermético
los orígenes del ser y del estar
incluso las místicas honduras del no ser
después del ya no estar en sí
el productor de textos
ofrece un tema un argumento
un motivo
el lector rearma múltiples posibilidades
agrega personajes
engarza metáforas
desecha párrafos
paradójicamente bifurca aquí y allá
caminos interpretativos
por eso este debe superar en talentos
al escribidor que se restringe
a seguir su brújula
a quien recepciona una obra excelsa
le salen alas
pues procaz nada en el viento

tiene que realizar un gran esfuerzo
para no caer en la tentación perezosa
de quedarse en lo puramente nominado
debe incurrir en la irresistible aventura
irreverente
de incorporar a los clásicos
entrecruzados a la vez con las vanguardias
y por supuesto echar un ojo a los coetáneos
el placer de leer
no puede compararse con el de escribir
el enlazador de grafías
es un esclavo de su quehacer
el interpretador camina libre
vuela
no solo por las páginas
sino por los vericuetos de sus sueños
de todos los narradores poetas dramaturgos
su actividad es más fecunda y evanescente
mucho más creativa y gratuita
el artífice sufre pone orden deshecha agrega
disciplina su fantasía
el descifrador disfruta y desordena
enriquece
ramifica sin límites
el escritor se basa en su experiencia
en su inventiva
en su táctica
el lector en su sabiduría

el profesional siempre queda insatisfecho
el catador goza las posibilidades del andamiaje
y lo rellena con diferentes vestimentas
mientras apropiándoselo deletrea su versión
la descodificación siempre es polimorfa
individual
enigmática
ajena a presiones de público
editoriales
críticos
tiempos
para quien descifra los convencionales pintarrajos
hechos por la tinta
cada libro
abre su personal caja de pandora
con fogosidad prometeica
humildemente soberbia
malhumorada o risueña
sarcástica o ejemplarizante
así el otorgador anónimo de sentido
destripa el complejo universo del canon
y lo abre a sus abismos
de imaginación multisignificante

27

maría zambrano
tú sabías que escribir
es defender la propia soledad
esa víspera que somos
de lo trascendente
la experiencia
de los que aún no hemos nacido
a la lucidez absoluta
al desprendido rito universal
de darnos sin más
y no obstante
paseamos tristes cuando las nubes
lagrimean amargura
agitando los secos patios familiares
sus macetas
sus persistentes rumores de lavanda
es que aspiramos a otra vida
a ser nuevos sin cortapisas
quizá menos pluscuamperfectos
más plenos en la entrega frutal
de la generosidad cotidiana
para que esta vuele como un ave
ejemplar y poderosa
hacia los pechos de los acongojados
busquemos entonces el silencio

predilecto del sabio
el que se perla con rocío
y embellece las sendas abandonadas
tantos seres imprescindibles se han extinguido
por los desvanes del tiempo
que solo queda entregarse
al amor en miles de retóricas poéticas

28

todavía los antiguos siguen vivos
por eso los humanos somos platónicos
o aristotélicos
idealistas o racionalistas
todos impenetrables a los argumentos
con mentes cuánticas
y cabezas ingrávidas
lógicas o absurdas
realistas o surrealistas
mostramos más pericia o menos
en el arte de pensar y pensarnos
en el desvelo de trascender
o pisar y caer en tierra
aun saliendo y entrando de las paradojas
a nuestro modo
reincidiendo en lo fascinante
de analizar minuciosamente la rutina
más o menos indigentes de paraísos
siempre artificiales
y entre epicentros transgresores
los más descifrando neurosis
enunciando precipicios proverbiales
así rezumamos leyendas
sermones investigaciones acertijos
de aquí surgieron los dilemas

que a mí me supuran
suplantaciones colaterales a diario
sin escándalo ninguno
nos vestimos y desnudamos
de otros
y es que sernos resulta penoso
aburrido
detestable
triste como la pena
y nos conduce a la obsolescencia
sin proyecto de resiliencia

29

verbos que no predican
adjetivos descalificativos
nos acompañan hasta la precisa y difusa muerte
con ella concluye nuestra acumulación de datos
borrosa y falseada
como la carne en la fosa de los acabose
en medio del trasnochado decir analógico
metáfora pues de emociones petrificadas
y transacción simbólica de la asumida dependencia
contada mediante estilo purista
por aquellos que se decoran con pecados capitales
cristalinos y perfumados
bellamente satánicos y legales
profetizando los maleables nexos del fascismo
y el comunismo
y las bondades del triunfador capital
sistema inocente donde los haya
que necesita del apoyo de artistas y filósofos
para distraer a su clase media
profanan la sensualidad de los creadores verdaderos
premiando a sus ovejas
hundiendo en el olvido a sus repetitivos detractores
sobrecogedores y publicitariamente audaces
miméticos con sus aprovechados líderes
mediocres y soberbios

demagógicamente letales en su destripar cerebros
mostrando la cara razonable
dialogante
y no la oscura resentida y perversa
cómplices de la mediocridad unos y otros
únicos maestros de complicidades inconfesas
sin suspicacias en sus rendidos seguidores
desplazados inocentes y culpables
héroes que se transforman en rogantes inversos
hiperbólicos y crueles
traidores obsesivos cabrones machistas
convincentes en su desamparo
y camuflados en su truculencia
ellos cartografían la miseria del orbe
más moral que material
más mental que física
más avariciosa que necesaria
no hay escepticismo
todos esperan el paraíso que les deben
entre las calamidades de tener que militar
para ganar algo
un vaso de vino sin huellas
un lago que no refleje viscosidades
un mitin que desate nudos
y evite gangrenas e inquietudes
forzándonos a mil patologías
sin esperanza en otro regreso del mesías
porque exista o no
estará asqueado de tanto creyente imbécil

30

fue la imprenta
y el alfabetismo
lo que fomentó la literatura
junto con la consolidación
de las lenguas vulgares
todo esto favoreció el abandono
de la métrica y rima
como arte nemotécnico
y dio paso a la fluidez de la prosa
junto a otra poesía
se respetó lo clásico
pero apareció lo moderno
con múltiples géneros y subgéneros
y mezclas epocales
la democratización de los lectores
hizo lo propio con los autores
y así surgieron editoriales impresoras
más difusores no siempre limpios
pero en general
unos y otros se arriesgaron a la autognosis
con elipsis que abrazan el alma
y ahondan en la ambigüedad
de la precisión más o menos intuitiva
ante el revulsivo del lujo y la solidaridad
aquí en occidente persistimos aparentemente

acendrándonos en sernos pero no demasiado
algo que permita el cambio o el disimulo
incluso las dos cosas
de las que únicamente puede salvarnos
la palabra verdadera

31

la poesía nos eleva
va moldeándonos
con ella oramos
cantamos
lloramos
nos conmovemos
y gritamos de desesperanza
educados en los clásicos
devenimos nativos
de nuestras emociones
gracias a versos que dialogan
conviven
y fecundan lo maravilloso
interconectamos
libertad y autocontrol
crecemos para la imaginación
del ingenio
al canon moral
y las tentativas amorosas
la afición romántica al dolor
a las sonrisas
así llegamos a la vanguardia
de las vanguardias
donde todo volverá a enunciarse
pero con matices

en forma y asunto
encabritada la ortografía
electrónica
para reseñar
la tragicomedia que es la vida
y el silencio indiferente
en que acaba

32

las novelas retrataron
naciones en el siglo xix
dickens a inglaterra
balzac a francia
tolstoi a rusia
galdós a españa
sin embargo goethe
el curioso romanticoneoclásico
y universalista
estudió a calderón
y hasta lo puso en escena
luego se alteró la visión
durante el siglo xx
nabokov abandonó la lengua rusa
y sin embargo con gusto o sin él
el nobel camus fue galo
y español el nobel juan ramón
aunque murió en el exilio
antes el mismo byron u óscar wilde
que habían menospreciado a su nación
fueron asumidos por esta con orgullo
al igual que whitman por estados unidos
o el castellano machado por su tierra
para muchos la patria era la lengua
en otros la infancia

y para los pragmáticos
el lugar donde eran reconocidos
los pueblos aceptan las críticas
cuando el escritor alcanza la fama
como la de joyce con su ulises
identificando dublín
incluso la localización del más allá
de rulfo con su méxico
tanto valen los esperpentos de valle-inclán
como los heterónimos de pessoa
que remiten a la sociedad ibérica
de otra manera registrada
en el teatro de garcía lorca
en cernuda o en el xxi de aramburu
por eso aunque se dice que kafka
no fue alemán ni checo ni judío
le asolaron las tres exigencias
quién dudaría sin embargo
de que la no sumisa santa teresa
el arrobo enamorado de san juan
o el hidalguismo de cervantes
son hispanos
sería como sospechar
sobre la norteaméricanidad de twain
del shakespeare hiperbólico
escasamente inglés para borges
figura exaltada por allí
como su máximo exponente

algunos a la manera del japonés
ishiguro reciente novel anglosajón
o el ucraniano hijo de polacos
con educación alemana en francés
todo ello incorporado en ruso
hasta llegar al inglés
en sus entrecruzamientos
transnacionales cual conquistó conrad
o en el pasado el mismo ercilla
reivindicación igualitaria de guerreros
españoles y mapuches o araucanos
demostrando que ambos pueblos
eran valientes sensibles y astutos
y no magnificando en exclusiva solo
las hazañas
de los propios
ni menospreciando a los indígenas
por salvajes

33

los críticos comparan
la historia de genji
con la equivalente calidad
del ingenioso hidalgo
o en busca del tiempo perdido
aquel de la autora japonesa
murasaki shikibu
de entre 973 a 1013 más o menos
país en el que las mujeres
eran sabias y escritoras
en este caso de un diario
que colorea la vida
en la corte del crisantemo
gracias a ella y a algunas otras
tenemos información precisa
de que por entonces algunas mujeres
también eran cultas
sin embargo aun hoy
no pueden ser emperadoras

34

madrid la ciudad semibella
de caótico orden
y bulliciosos silencios
enciende sus farolas
no para hacer seguras las calles vacías
sino para iluminar
las multitudes que pasean de noche
por ella se deambula con valle
en luces de bohemia
con cela en la colmena
con umbral carnívoro cuchillo
en esta villa todo puede suceder
no existe el aburrimiento
el transcurrir es auténtico y humano
no conozco otra capital como esta
aquí la cercanía es cálida
el vértigo controlado
así el de garcía hortelano
el de longares o marta
o las recopilaciones
de mercedes cebrián
madrid tiene siempre luz
inagotable su sol y su luna
se inundan en lava tibia
con la interculturalidad

de la literatura
previa apología de los dioses
con poesías y abluciones
de agua bendita
luego se laca el alma
y los recovecos de la boca
se perfuma la mano
con aromas que cosquillean
en la mente
y comienza la batalla
de leer
el combate interminable
de polemizar con los autores
para encontrar sus esencias
aquellas ya yertas
y esas otras que continúan
en liza
ahora pienso como chesterton
que lo malo del beligerismo
es que a la mayoría
los hace mansos
conformistas temerosos
entonces se pierde la fe
aunque se reza más que nunca
y se empieza a creer
en cualquier cosa
para distraerse del día a día

35

sabía dalí
de la proliferación blanda
de los relojes
y yo de su altanería
al fijar los horarios humanos
concretando el día y la noche
las agujas de la relatividad
con incorrecta fluidez regularizadora
nos agobian como avispas peligrosas
nos circundan la muñeca
o campanean por toda la casa
con atrevimientos rítmicos
son gnomos para controlarnos
e incluso indiferentes
señalan el instante
para nosotros
aunque ellos sigan funcionando
a través de su numeración esmerilada
en deriva obsesiva aun bidiaria

36

si el tiempo es circular
el principio o final
de cualquier etapa
solo es un pretexto humano
una tregua para puntuar
el texto de la vida
y acomodar en capítulos
nuestro transcurrir biológico
afanosos como estamos
en la cronología de lo eterno
libro infinito de personajes
múltiples y caducos
como las gotas o las brisas
como los suspiros y los besos

37

habría que componer
un himno a la curiosidad
madre de todo saber
por saciarla se aprende
y así se acrecienta sin pausa
por puro placer
leer es la clave
junto a los buenos maestros
ambos responden enriqueciéndonos
divirtiéndonos
activan la imaginación
por espacios abiertos
guardados como tesoros en los libros
ensoñaciones y embelesamientos
que nos regalan sus dones
incitaciones a convertir
lo abstracto del lenguaje
en guerreros castillos selvas
volcanes dragones dioses
paraguas o bolsos mágicos
sin necesitar películas o vídeos
u otros cachivaches tecnológicos
obviamente también útiles
y complementarios
un niño lector puede ser

un sabio en potencia
pero ya
en su presente
es un ciudadano gozoso
decantado por sí mismo
a habitar múltiples mansiones
se escribe para no olvidar
para recordar
incluso el porvenir
se lee

38

leer requiere pensar
entretenerse con imágenes
únicamente contemplarlas
y dejarse llevar por su fluir
por eso el homo videns
va en aumento
hasta hace nada buen negocio
para el sistema
pero ahora
grupos hábiles se aprovechan
y con tres consignas
y cuatro promesas
lanzan al pueblo contra
la democracia
ciertamente abrumada
por tanta podredumbre
a la que estos
agregan sus gusanos
proyectando inestabilidad
pues relativizan las libertades
y degradan el lenguaje
para que seduzca sin decir nada
ante semejante populismo
los jóvenes están inermes
nadie les ha enseñado

a ser ellos
a pelar su fruta
a hacer su cama
a orinar sin dejar huellas
a corregir sus errores
a reflexionar sus opiniones
por eso son reyes
de la zafiedad y la grosería
quieren medrar rápido
y trincar sin esfuerzo
no aceptar reglas
ni protocolos
ni siquiera ocuparse
del aseo personal
no roban con guante blanco
pero sí con chanclas rotas
así hoy los poderosos
y los semipoderosos
que se les oponen coyunturalmente
no necesitan cambiar la educación
y su mayestática fábrica
de analfabetos seudorrebeldes
les conviene
encharcar las posibilidades
de estos mamíferos
bípedos iletrados
que consiguen títulos universitarios
solo por asistir alguna vez a clase

39

qué dicen los escritores
de éxito
que el privilegio de leer
da placer
y alimenta la sensibilidad
y la fantasía
que trabajan su escritura
todos los días
muchas horas
que releen a otros autores
para vitaminizarse
con los amigos más reales
es decir
los personajes preferidos
de su universo literario
en realidad viven
dos vidas
la cotidiana
y la fabulada
a través de muchos libros
si bien estos pierden prestigio
a expensas de videojuegos
y redes varias
ahora un entretenimiento
es machacar la brillantez
y la independencia

las nuevas generaciones
descuidan la lengua
cómo preocuparnos
de la textualidad
el párrafo
las frases
la puntuación
la ortografía
el léxico
el ritmo incluso de la prosa
el faro cultural de europa
parpadea cansado
confuso
por eso debemos
reformular nuestros ideales
y asumir
que la muerte individual
solo es un accidente
pues otros nos seguirán
sangre nueva
mente renovada
pero genes heredados
antiguos
el pasado hace el presente
y este configurará
el futuro
por eso cada cosa
antes o después
será posible

40

qué espejo es aquel
que nunca tuvo imagen
y vacío su vientre
quedó mudo de perfiles
inundado solo de sí
ante las transparencias
del espacio sin eco
sin nadie
la nada no es sosiego
sino tiempo ausente
que calla hasta su silencio